AF311031

J. MILBERT.  
ITINÉRAIRE
Pittoresque
du
FLEUVE HUDSON
et
DES PARTIES LATÉRALES
de l'Amérique du Nord
D'après les dessins originaux pris sur les lieux par
J. MILBERT.
Ancien dessinateur à l'école Roy.le des Mines, membre de l'expédition aux terres australes commandée par le capitaine Baudin, Directeur des gravures de l'Atlas historique de l'Inde, Directeur des voyages à l'Ile de France, d'autres Voyageurs naturalistes des gouvernements, correspondant des Jardins du Roi, membre des sociétés savantes de Philadelphie, de New York, et de la société centrale d'agriculture etc.
et Lithographié par
Adam, Victor, Bichebois, Deroy, Dupressoir, Jacottet, Joly, Sabatier, Coepenne et Villeneuve.  
Smith inv.t
Georges del. & scrip.t
PARIS.
Chez Henry Gangain et C.ie Éditeurs.
Rue de Vaugirard N.34 et rue Vivienne N.°
LIVRAISON

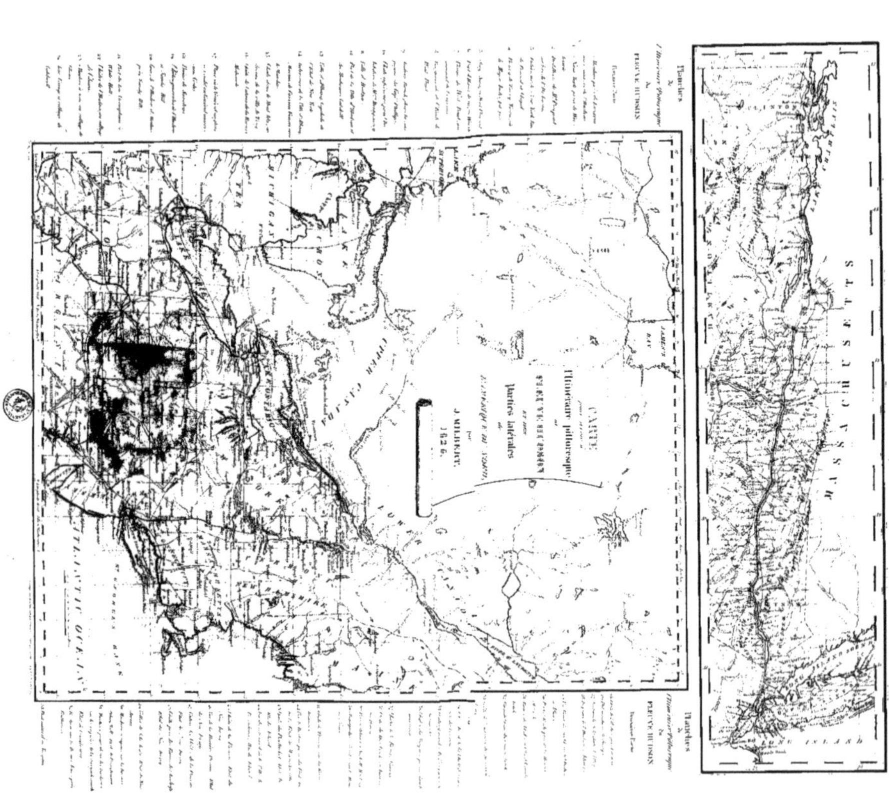

AMÉRIQUE SEPTENTRIONALE — ÉTAT DE NEW-YORK.

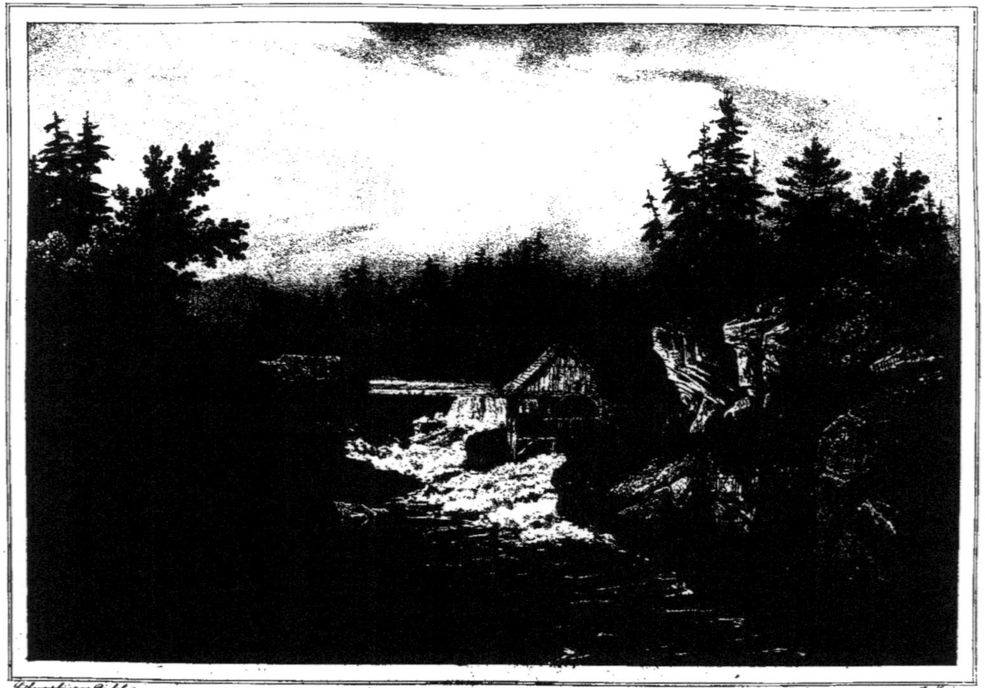

Lithographié par Bichebois. Dessiné d'après nature par J. Milbert.

Moulins près de Luzerne, vers les sources de l'Hudson. *Saw Mill near Luzerne source of the Hudson.*

Molæ propè Luzernam ad Hudson fluminis fontes. Mühle bey Luzerne wo der Fluss Hudson entspringt.

Imp. Lith. de Lévé dirigée par Noël ainé et Cie

Lithographié par Deroy.

Dessiné d'après nature par J. Milbert.

Vue de New York prise de Weahawk.

View of New York taken from Weahawk.

Urbs New York e Weahawk Delineata.

Ansicht von New-York erobert von Weahawk.

N.° 1

Imp. Lith. de Bove dirigée par Noël ainé &C.°

Lithographié par L. Sabatier... par Ad. Adam.   Dessiné d'après nature par J. Milbert.

Distillerie de Mr. Pierpont sur l'Isle Longue   N.2.   Pierpont's Distillery on Long Island

In Insulâ Longâ Pierpont officina.   Das Destilliert Hauss von Herr Pierpont auf dem lange Insln.

Imp. Lith. de Bove Longue par Villain.

Lithographie par Villeneuve fig.ᵉ par Wᵐ Adam

Dessiné d'après nature par V. Adam

Intérieur de New-York, rue de Prevost et Chapel

Het Newyork inter adonrein Prevost et Chapel straat

(N.º 3)

Interior of New-York, Prevost Street and Chapel

Das Innere von New York, Strasse Prevost und Chapel

Imp. Lith. de Bove dirigé par Noël aux ?

Lithographie par Bichebois, fig. par V. Adam.   Dessiné d'après nature par J. Milbert.

Bourg de Tarry-Town où le Major André fut pris.

Tarry Town where Major André was captured.

Tarry-Town pagus in quo Major André captus se victui permisit.

Burg von Tarty-Town wo der Major André gefangen wurde.

N° 4.

Imp. Lith. de Bove dirigée par Noël ainé et Cⁱᵉ.

Lithographié par S. Sabatier fig par R. Adam.   Dessiné d'après nature par J. Milbert.

Bourg de Sing-Sing ou Mont Plaisant   N° 5   Sing Sing or Mount Pleasant.

Sing Sing vieux ou mont Plaisant surnommé.   Der Sing-sing Hacken oder Plaisant berg.

Imp. Lith. de Bove Langin par Gihaut ainé.

Lithographié par Bichebois. fig. par N. Adam.   Dessiné d'après nature par E.

Port d'Havrestraw ou de Warren.   N.º 6.   Haverstraw or Warren landing.

Plaine de West-Point au moment de l'exercice.   Plains of West Point at the moment of exercise.

West-Point pleintier aufpocte dem Truppe Exercecialur.   Ebene von West Point im augenblick des Exercitiens.

Lithographié par Deroy.   Dessiné d'après nature par J. Milbert.

Vue générale de l'École Militaire de West-Point.   N° 2   General View of the Military school at West-Point.

West-Point. Militare Gymnasium. Omnibus in partibus adspectum.   Ansicht der Militair-Schule von West-Point.

Imp. Lith. de Bove, dirigée par Noël ainé & Cⁱᵉ.

Lithographie par Villeneuve.   Dessiné d'après nature par Milbert.

Indian Brook dans la campagne du Cap.ᵗⁿ Phillips.   Indian Brook in the residence of Capt.ⁿ Phillips.

Indian Brook in ville Centurionis Phillips.   Indian Brook beute in feldzuge des C.ᵖⁿ Phillips.

Imp. Lith. de Bove dessiné par Neil ainé & C.ⁱᵉ

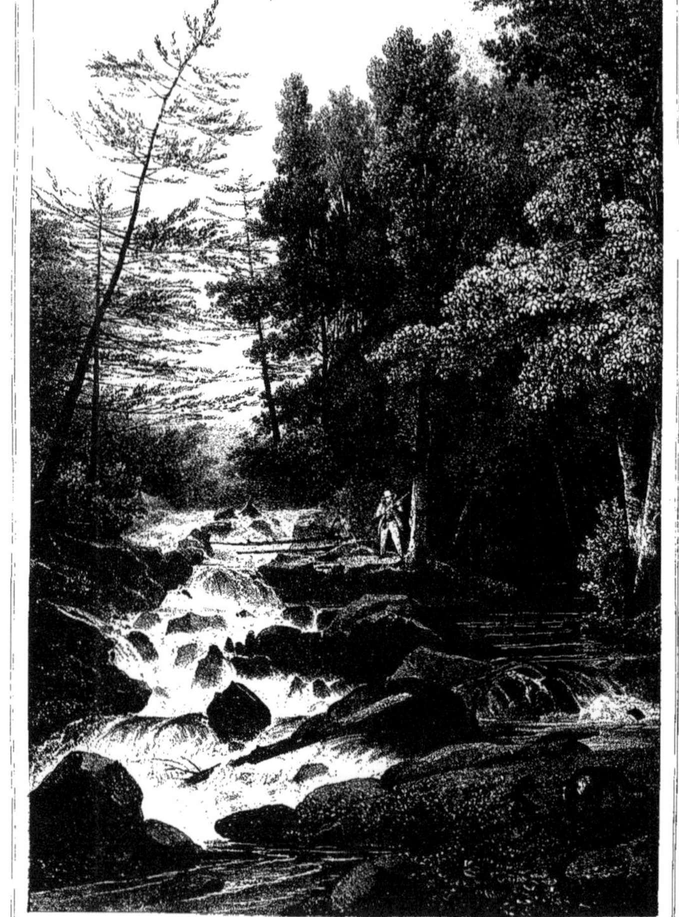

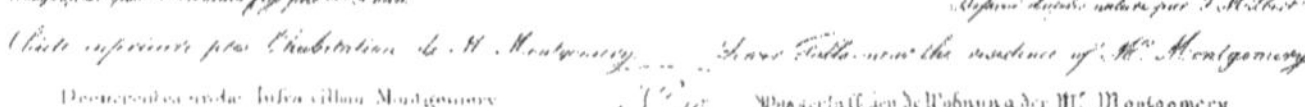

Lithographié par [illegible] fig. par [illegible]

Dessiné d'après nature par J. Milbert

Chute supérieure près l'habitation de M. Montgomery — Lower Falls near the residence of Mr. Montgomery

[illegible] Montgomery — N° 10 — Wasserfall bei der Wohnung der Mr. Montgomery

Imp. lith. de [illegible] par [illegible]

Dessiné d'après nature par Milbert.   Lithographié par P. Sabatier.

Ville d'Hudson.   N.º 11.   Town of Hudson.
Urbs Hudson.   Hudson Stadt.

Imp. Lith. de Bove, lithogr. par Noël ainé & C.ᵉ

Lithographié par Bichebois fig. par W. Adam.
Dessiné d'après nature par J. Milbert
Vue du port de la ville d'Hudson et des montagnes Catskill
View of Hudson & the Catskill mountains
N.o 12.
Hudson Urbis portus Montesque Catskill
Ansicht der Stadt Shores von Hudson et der Gebirge Catskill
Imp. Lith. de Bove dirigée par Noël ainé & C.

Lithographié par Deroy.

Dessiné d'après nature par J. Milbert.

Ville d'Albany, Capitale de l'État de New York.

Albany Capital of the state of New York.

N° 13

Ciudad Albany Capital provincia New-York.

Stadt Albany Hauptstadt in New-York.

Imp. Lith. de ... dirigée par Noël ainé & Cie.

Lithographié par Bréspenne, fig. par W. Adam.

Dessiné d'après nature par J. M. Croll.

Intérieur de la ville d'Albany, maison de l'ancien Gouverneur Hollandais. — View in Albany — House of the first Dutch Governors.

Urbs Albany Intus adspecta Domus quæ pristini Batavorum Præfecti. — Das Innere der Stadt Albany Wohnung des ehmaligenhollän — Gouverneurs.

Imp. Lith. de Bove dirigée par Noël ainé & Cie.

Dessiné d'après nature par J. Milbert.

Lithographie par Bichebois.

Chûte dans le Mont Ida, au-dessus de la ville de Troye.   N.º 15.   Falls of mount Ida, above the town of Troy.

Ex Ida monte propè urbem Trojam decurrentes undæ.   Der Wasserfall vom berge Ida über der stadt Troye.

Imp. Lith. de Bove dirigée par Noël ainé fpl.

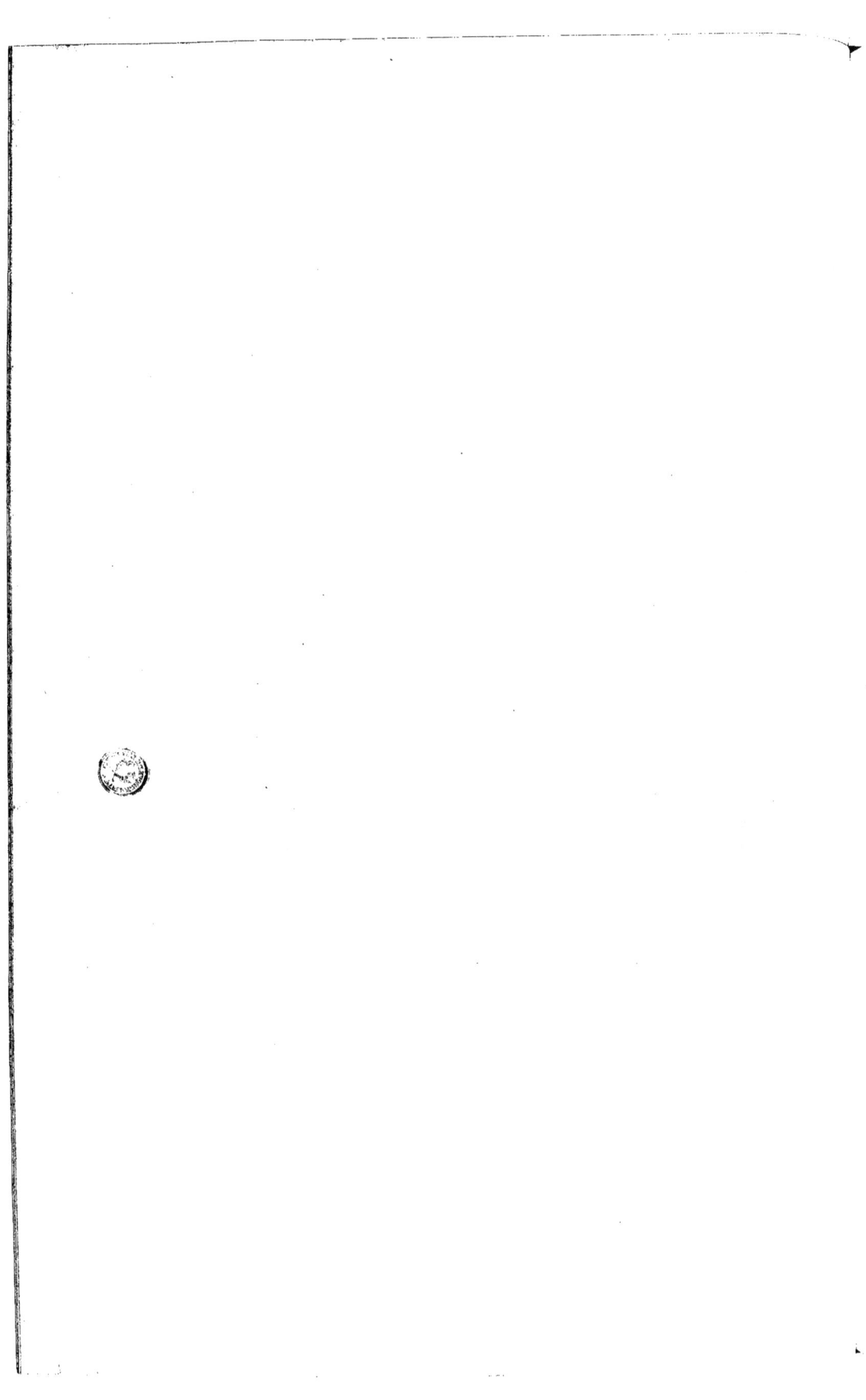

Lithographié par J. Joly.

Dessiné d'après nature par J. Milbert.

Chûte de Cohoes, de la rivière Mohawks.
Ad Cohoes Mohawk amnis præcipitium.

f. 10

Falls of Cohoes of the river Mohawks.
Cohoes Fall in den fluss Mahawk.

Imp. lith. de Bove dirigée par Val...

Lithographié par L. Sabatier, fig.re par V.te Adam.   Dessiné d'après nature, par J. Milbert.

Place où le G.al anglais Burgoyne se rendit au Gén.al Américain Gates.   N.o 17   The Spot where Gen.l Burgoyne surrendered to Gen.al Gates.

Locus ubi Dux Britannus Burgoyne Americano Duci Gates victori victus se permisit.   Platz wo sich der Englische G.l Burgoyne dem americanischen G.l Gates ergeben hat.

Imp. lith. de Bove dirigée par Noël ainé et C.e

Bains de Saratoga.

Publicum ad Saratoga Balneum.

N.º 16

Saratoga Springs.

Bäder von Saratoga.

Imp. Lith. de Bove dirigée par Noel ainé & Cie.

Chutes générales de l'Hudson à Sandy Hill.   N°19.   Falls of the Hudson at Sandy Hill.

Hudson Atonis prope Sandy Hill. precipitatus.   Hudson fall bey Sandy Hill.

Imp. Lith. de Thierry dirigée par Keilweac et Bourg.

Lithographie par Schuler.

Dessiné d'après nature par J. F. Scott.

Cours de l'Hudson et Moulins, près Sandy Hill.

Course of the Hudson and the Mills, near Sandy Hill.

N° 20

Ansicht des Hudson's und der Mühlen bey Sandy Hill.

Imp. Lith. de Bove.

Port du Lac Champlain à White-Hall.

White-Hall. Lake Champlain.

Lacus Champlain portus ad White Hall.

Der Hafen White-hall am Champlain-See.

Lithographié par Sabatier fig.re par V. Adam

Vue au d'après nature par J. Milbert.

Imp. Lith. de Bove dirigée par Noël ainé et Comp.

Lithographié par Cuvillier.

Dessin d'après nature par J. Milbert.

Chûtes de l'Hudson au village de Gléens.

Hudson amnis prope Gléens vicum præcipitatus.

N° 52.

Hudson Fall at the village of Gléens.

Hudson Fall im Dorfe von Gléens.

Imp. Lith. de Bove, dirigée par Noël ainé et C.ᵉ

Lithographié par A. Sievaux.   Dessiné d'après nature par J. Milbert.

Moulins à Scies au village de Glenns.   N.º 23   Saw Mill at the village of Glenns.

Serrae Molae fluviatiles prope vicum Glenns.   Saw Mühle im Dorfe Glenns.

Imp. Lith de Bove dirigée par Vaulaine & C.ie

Lac George et village de Caldwell — Lake George and the village of Caldwell

Lithographié par Bichebois.   Dessiné d'après nature par A. Millert

Pont sur l'Hudson, près Luzerne.   N.º 25   Bridge on the Hudson River near Luzerne

Pons quo propè Luzernam Hudson amnis trajicitur.   Brücke auf dem Hudson bei Luzerne.

Imp. Lith. de Henry Gauguin.

Lithographié par L. Sabatier.   Dessiné d'après nature par I. Milbert.

Débarcadaire de Jessups.   N.º 26   Jessups Landing.

Jessups portus.   Landungsplatz von Jessups.

Imp. Lith. de Henry Gaugain.

Lith. graphié par S.t Sabatier.

Dessiné d'après nature par J. Milbert.

N.° 27.

Extrémité de la Chute d'Adley's

Extremity of Adley's Falls

Extremus propè Adley's Torrens.

Ausgang des Wasserfalls von Adley's.

Imp. Lith. de Bove dirigée par Noël ainé & C.º

Lithographié par Bichebois, fig.ᵉ par V. Adam.   Dessiné d'après nature par J. Milbert.

Rapides de l'Hudson à Adley's   N.° 38.   Rapids on the Hudson at Adley's

Hudson amnis propè Adley's rapidè decurrens.   Strüdel des Hudson bei Adley's.

Imp. Lith. de Henry Gaugain.

Lithographié par Jacottet, figuré par V. Adam.

Dessiné d'après nature par J. Milbert.

Vue générale des chûtes de l'Hudson à Adley's

N° 39

General view of the Hudson at Adley's

Integer Hudson torrentis propé Adley's adspectus.

Allgemeine ansicht der fälle des Hudson bey Adley's.

Imp. lith. de Henry Gaugain.

Lithographie par Déroburs fig.ᵗ par V.ᵗ Adam.

Dessiné d'après nature par J. Milbert.

Pont et route près la rivière Mohawk.

Road and Bridge over the Mohawk.

Fluvii viæ quæ ad amnem Mohawk adspectus.

Brücke und Strasse am Mohawk.

N.° 30.

Imp. lith. de Henry Gaugain.

Lithographié par Duperrier fig.ᵉ par V. Adam.   Dessiné d'après nature par J. Milbert.

Grande chute du Canada Creek.   Canada Creek Falls.

Canada Creek Torrent.   Grosser fall des Canada Creek.

N.º 32

Imp. lith. de H.ᵉ Gaugain.

Lithographié par Bury.

Dessiné d'après nature par J. Milbert.

Chute de la rivière des Pierres à chaux.

Falls on the Flint river.

Præceps amnis Calcariorum Lapidum Lapsus.

fall des Kalksteinflusses.

Imprimerie Lith. de Henry Gaugain.

Lithographié par Sabatier
Dessiné d'après nature par J. Milbert.
Fer à cheval de la chûte du Niagara, coté du Canada.
N.o 34.
Horse shoe of Niagara, from the Canada side.
Niagara Torrentis ea quæ Canadam parte spectat semicirculum
Hufeisen des Niagara falles . an der Seite von Canada
Imp. Lithographique de Henry Gaugain

Lithographie par Ouvrié fig.ᵉ par E. Adam.   Dessiné d'après nature par F. Walker.

Chute générale du Niagara, côté du Canada.   N° 38   General view of Niagara, from the Canada side.

Niagara Torrens in quæ Canadam spectat parte descriptus.   Allgemeine ansicht der Niagara-fälle an der seite von Canada.

Imprimerie Lithog. de H. Gaugain.

Lithographié par Bayot.

Dessiné d'après nature par J. Milbert.

Chûte du Niagara prise du côté américain.

Niagara falls from the American side.

Niagara torrens eâ quae americam spectat parte descriptus.

Niagara fall, amerikanische seite.

N° 36.

Imprimerie lithog. de H. Gaugain.

Lithographié par Deperthes fy par P. Adam.

Dessinée d'après nature, par J. Milbert.

Chûte de la rivière Génésée

N.° 37.

Falls on the Genesee river's.

Lapsus amnis Genesee.

Imp. lith. de Henry Gaugain.

fall des flusses Genesee.

Lithographié par Dupressoir, fig. par V. Adam.   Dessiné d'après nature par J. Milbert.

Chute du Deer Creek ou rivière des Daims.   Deer Creek Falls.

Deer Creek aus Damorum amnis.   Fall des Deer Creek oder Damhirschfluss.

Imprimerie Lithog. de Henry Gaugain.

Lithographié par Cisprine fig.ᵉ par H. Adam   Dessiné d'après nature par J. Milbert

Port militaire à Sacketts Harbourg   N.° 39.   Military post, Sacketts Harbor

Sacketts Harbourg military portus.   Militärhafen zu Sacketts Harbourg

Imp. lith. de Henry Gaugain

Lithographié par Sabatier fig.ᵉ par V.ᵗ Adam. Dessiné d'après nature par J. Milbert.

Manufacture de coton sur la rivière noire.

Officina fili Xilini supra nigrum amnem.

Nº 40.

Imp. lith. de Henry Gaugain.

Mills on the Black River.

Baumwollenmanufactur am schwarzen Flusse.

Lithographié par Sabatier et Bichebois fig.re par V.re Adam.

Dessiné d'après nature par J. Milbert.

Chûte de Thérèze sur la rivière Indienne.

Casus Theresæ in amnem Indicum.

N.° 41.

Imp. lithog. de Henry Gaugain.

Theresa falls, Indian River.

Theresien fall aus Indischen flusse.

Lithographié par Deroy fig.é par V.e Adam

Dessiné d'après nature par J. Milbert

Vue de Boston prise du pont du Sud.

View of Boston and the south Boston bridge

Adspectus Boston captus exponte meridiei

Ansicht von Boston von der Süderbrücke

N.º 42.

Imp. Lith.g de Henry Gauguain

Chute du Pawtucket
Pawtucket Falls
Fall des Pawtucket.

Vue du coté du nord de la ville de Providence.

North view of Providence.

Adspectus ad Septentrionem urbis Providentiæ.

Ansicht der Nordseite von Providence.

N° 44.

Imp. lith. de Henry Gaugain.

Lithographié par Frogeaux figs par V. Adam
Dessiné d'après nature par J. Milbert
Chute de la Passaic.
Lapane annex Passaic.
N° 43.
Imp. lith. de Ste. Gaugain.
Passaic falls
Fall des Passaic.

Lithographié par Bichebois fig.ᵉ par V.ʳ Adam.   Dessiné d'après nature par J. Milbert.

Vue de la rivière Passaic.   N.º 46.   View on the Passaic river.

Aspectus amnis Passaic.   Imp. lith. de H. Gaugain.   Ansicht des Passaic.

Lithographié par Dupressoir ffg pari.t Adam   Dessiné d'après nature par J. Ch. Chavtli.

Entrée des chûtes de la Passaic   Commencement of Passaic falls.

Passaic Torrentis aditus.   Eingang der Falle des Passaic.

Imp. lith. de H.e Gaugain.

Lithographié par Depassier fig. par V. Adam — Dessiné d'après nature par G. Milbert

N° 48

Chute prise des bains de Schooley's — Falls near Schooley's Springs.

Propr. Schooley's Balnea torrens. — Wasserfall bey der Schooley's badern.

Imprimerie lithog. de Henry Gaugain

Lithographié par Deroy.

Dessiné d'après nature par J. Milbert.

Vallée de Schooley

Schooley's Springs

Schooleia Vallis.

Thal von Schooley.

N.° 49

Imp. Lithog. de Hocquart-Gœngou.

Lithographie par Arnout.   Dessiné d'après nature par J. Milbert.

Machine à vapeur sur la rivière Schuylkill.   N.º 50   Walds works on the Schuylkill river.

Machina vapore freta juxta amnem Schuylkill.   Dampfmaschine am Shuylkill.

Imprimerie Lithog. de H. Gaugain.

Dessiné par P. Lauters.

F. Villeret d'après H.J. Walter.

Machine pour élever les fardeaux sur les rapides de la Susquehanna — N. 51 — Machine for the portage on the Susquehanna.

Tollenones positi qui erepolos fertur amnis Susquehanna.

Maschine zur Fortschaffung von Lasten über die Strudel des Susquehanna.

Imp. lith. de Thierry Frères.

Lithographié par Deroi fig. par V. Adam.   dessiné d'après Wells par J. Milbert.

Fonderie sur la rivière Jone's près Baltimore   Foundery on Jone's creek, near Baltimore

N 32

Fornax in qua Metalla funduntur jugnis annis prope urbem Baltimore   Giesserei am Jones Flusse bei Baltimore.

Imprimerie Lithog. de H. Gaugain

Lithographié par Bachelier, d'ap.r par L. Deroy.   D'après le tableau de N. Roberts app. à M. Jefferson.

Pont naturel en Virginie.   View of the natural Bridge.

N° 55

Ponte naturale in Virginia.   Natürliche Brücke in Virginien.

Imp. Lithog. de Hins y Ganguin.